MINISTÈRE DE L'INTÉRIEUR.

RÉGLEMENT
POUR
LES THÉÂTRES.

LE Ministre de l'intérieur, en exécution du décret du 8 juin 1806, relatif aux Théâtres, ARRÊTE ce qui suit :

TITRE I.er

Théâtres de Paris.

ARTICLE I.

LES Théâtres dont les noms suivent sont considérés comme *grands Théâtres*, et jouiront des prérogatives attachées à ce titre par le décret du 8 juin 1806 :

1.° *Le Théâtre Français* [Théâtre de S. M. l'EMPEREUR].

Ce Théâtre est spécialement consacré à la *Tragédie* et à la *Comédie.*

Son répertoire est composé, 1.° de toutes les pièces (tragédies, comédies et drames) jouées sur l'ancien Théâtre de l'Hôtel de

Bourgogne, sur celui que dirigeait *Molière*, et sur le Théâtre qui s'est formé de la réunion de ces deux établissemens, et qui a existé sous diverses dénominations jusqu'à ce jour; 2.° des comédies jouées sur les divers Théâtres dits *Italiens*, jusqu'à l'établissement de l'Opéra comique.

Le *Théâtre de l'Impératrice* sera considéré comme une annexe du Théâtre Français, pour la comédie seulement.

Son répertoire contient, 1.° les comédies et drames spécialement composés pour ce Théâtre ; 2.° les comédies jouées sur les Théâtres dits *Italiens*, jusqu'à l'établissement de l'Opéra comique : ces dernières pourront être représentées par le Théâtre de l'Impératrice, concurremment avec le Théâtre Français ;

II.° *Le Théâtre de l'Opéra* [Académie impériale de musique].

Ce Théâtre est spécialement consacré au chant et à la danse : son répertoire est composé de tous les ouvrages, tant opéras que ballets, qui ont paru depuis son établissement en 1646.

1.° Il peut seul représenter les pièces qui sont entièrement en musique et les ballets du genre noble et gracieux : tels sont tous ceux dont les sujets ont été puisés dans la mythologie ou dans l'histoire, et dont les principaux personnages sont des dieux, des rois ou des héros.

2.° Il pourra aussi donner (mais non exclusivement à tout autre Théâtre) des ballets représentant des scènes champêtres ou des actions ordinaires de la vie.

III.° *Le Théâtre de l'Opéra comique* [Théâtre de S. M. l'Empereur].

Ce Théâtre est spécialement destiné à la représentation de toute espèce de comédies ou drames mêlés de couplets, d'ariettes et de morceaux d'ensemble.

Son répertoire est composé de toutes les pièces jouées sur le

Théâtre de *l'Opéra comique*, avant et après sa réunion à la Comédie italienne, pourvu que le dialogue de ces pièces soit coupé par du chant.

L'*Opéra Buffa* doit être considéré comme une annexe de l'Opéra comique. Il ne peut représenter que des pièces écrites en italien.

Art. 2.

Aucun des airs, romances et morceaux de musique qui auront été exécutés sur les Théâtres de l'Opéra et de l'Opéra comique, ne pourra, sans l'autorisation des auteurs ou propriétaires, être transporté sur un autre Théâtre de la capitale, même avec des modifications dans les accompagnemens, que cinq ans après la première représentation de l'ouvrage dont ces morceaux font partie.

Art. 3.

Seront considérés comme *Théâtres secondaires:*

I.° *Le Théâtre du Vaudeville.*
Son répertoire ne doit contenir que de petites pièces mêlées de couplets sur des airs connus, et des parodies.

II.° *Le Théâtre des Variétés, Boulevart Montmartre.*
Son répertoire est composé de petites pièces dans le genre *grivois*, *poissard* ou *villageois*, quelquefois mêlées de couplets également sur des airs connus.

III.° *Le Théâtre de la Porte Saint-Martin.*
Il est spécialement destiné au genre appelé *Mélodrame*, aux pièces à grand spectacle. Mais dans les pièces du répertoire de ce Théâtre, comme dans toutes les pièces des Théâtres secondaires, on ne pourra employer pour les morceaux de chant, que des airs connus.

On ne pourra donner sur ce Théâtre des ballets dans le genre historique et noble ; ce genre, tel qu'il est indiqué plus haut, étant exclusivement réservé au grand Opéra.

IV.° *Le Théâtre* dit *de la Gaieté*.

Il est spécialement destiné aux *Pantomimes* de tout genre, mais sans ballets ; aux *Arlequinades* et autres *Farces*, dans le goût de celles données autrefois par *Nicolet* sur ce Théâtre.

V.° *Le Théâtre des Variétés étrangères*.

Le répertoire de ce Théâtre ne pourra être composé que de pièces traduites des *Théâtres étrangers*.

Art. 4.

Les autres Théâtres actuellement existans à Paris, et autorisés par la police antérieurement au décret du 8 juin 1806, seront considérés comme annexes ou doubles des *Théâtres secondaires* : chacun des Directeurs de ces établissemens est tenu de choisir parmi les genres qui appartiennent aux Théâtres secondaires, le genre qui paraîtra convenir à son Théâtre.

Ils pourront jouer, ainsi que les Théâtres secondaires, quelques pièces des répertoires des grands Théâtres, mais seulement avec l'autorisation des Administrations de ces spectacles, et après qu'une rétribution due aux grands Théâtres aura été réglée de gré à gré, conformément à l'article 4 du décret du 8 juin, et autorisée par le Ministre de l'intérieur.

Art. 5.

Aucun des Théâtres de Paris ne pourra jouer des pièces qui sortiraient du genre qui lui a été assigné.

Mais lorsqu'une pièce aura été refusée à l'un des trois grands Théâtres, elle pourra être jouée sur l'un ou l'autre des Théâtres de Paris, pourvu toutefois que la pièce se rapproche du genre assigné à ce Théâtre.

Art. 6.

Lorsque les Directeurs et Entrepreneurs de spectacles voudront s'assurer que les pièces qu'ils ont reçues ne sortent point du genre de celles qu'ils sont autorisés à représenter, et éviter l'interdiction inattendue d'une pièce dont la mise en scène aurait pu leur occasionner des frais, ils pourront déposer un exemplaire de ces pièces dans les bureaux du ministère de l'intérieur.

Lorsqu'une pièce ne paraîtra pas être du genre qui convient au Théâtre qui l'aura reçue, les Entrepreneurs ou Directeurs de ce Théâtre en seront prévenus par le Ministre.

L'examen des pièces dans les bureaux du ministère de l'intérieur, et l'approbation donnée à leur représentation, ne dispenseront nullement les Directeurs de recourir au ministère de la police, où les pièces doivent être examinées sous d'autres rapports.

Art. 7.

Pour que les Théâtres n'aient pas à souffrir de cette détermination et distribution de genres, le Ministre leur permet de conserver en entier leurs anciens répertoires, quand même il s'y trouverait quelques pièces qui ne fussent pas du genre qui leur est assigné ; mais ces anciens répertoires devront rester rigoureusement tels qu'ils ont été déposés dans les bureaux du ministère de l'intérieur, et arrêtés par le Ministre.

Par cet article, toutefois, il n'est nullement contrevenu à l'art. 4 du décret du 8 juin, qui ne permet à aucun Théâtre de Paris de jouer les pièces des grands Théâtres, sans leur payer une rétribution.

TITRE II.

Répertoires des Théâtres dans les départemens.

Art. 8.

Dans les départemens, les troupes *permanentes* ou *ambulantes* pourront jouer, soit les pièces des répertoires des grands Théâtres, soit celles des Théâtres secondaires et de leurs doubles (sauf les droits des auteurs ou des propriétaires de ces pièces).

Art. 9.

Dans les villes où il y a deux Théâtres, le *principal Théâtre* jouira spécialement du droit de représenter les pièces comprises dans les répertoires des grands Théâtres; il pourra aussi, mais avec l'autorisation du Préfet, choisir et jouer quelques pièces des Théâtres secondaires, sans que pour cela l'autre Théâtre soit privé du droit de jouer ces mêmes pièces.

Le *second Théâtre* jouira spécialement du droit de représenter les pièces des répertoires des Théâtres secondaires; il ne pourra jouer les pièces des trois grands Théâtres, que dans les suppositions suivantes :

1.° Si les auteurs mêmes lui ont vendu ou donné leurs pièces;

2.° Si le premier Théâtre n'a point joué telle ou telle pièce depuis plus d'un an, à compter du jour de sa première représentation, à Paris, sur un des grands Théâtres : dans ce cas, le second Théâtre pourra jouer cette pièce pendant une année entière, et même plus long-temps, si, pendant le cours de cette année, la pièce n'a point été représentée par le principal Théâtre.

Au reste, le Préfet, dans les villes où il y a deux Théâtres, peut en outre autoriser le second Théâtre à représenter des pièces des grands répertoires, toutes les fois qu'il le jugera convenable.

Lorsque le second Théâtre, dans ces villes, se sera préparé à la représentation d'une pièce du genre de celles qui forment son répertoire, le grand Théâtre ne pourra empêcher ni retarder cette représentation, sous aucun prétexte, et quand même il prouverait qu'il a obtenu du Préfet l'autorisation de jouer la même pièce.

TITRE III.

Désignation des ARRONDISSEMENS destinés aux Troupes de Comédiens ambulantes.

ART. 10.

LES villes qui ne peuvent avoir de spectacle que pendant une partie de l'année, ont été classées de manière à former vingt-cinq *arrondissemens*.

Le tableau de ces arrondissemens, et celui du nombre de troupes qui paraîtrait nécessaire pour chacun d'eux, est joint au présent réglement.

ART. 11.

Aucun Entrepreneur de spectacles ne pourra envoyer de troupes ambulantes dans l'un ou l'autre de ces arrondissemens, 1.° s'il n'y a été formellement autorisé par le Ministre de l'intérieur, devant lequel il devra faire preuve des moyens qu'il peut avoir de remplir ses engagemens; 2.° s'il n'est, en outre, muni de l'approbation du Ministre de la Police générale.

ART. 12.

Les Entrepreneurs de spectacles qui se présenteront pour tel ou tel arrondissement, devront, *avant le 1.ᵉʳ août prochain*, et dans les années subséquentes, toujours avant la même époque,

1.º Désigner le nombre de sujets dont seront composées la troupe ou les troupes qu'ils se proposent d'employer;

2.º Indiquer à quelle époque leurs troupes se rendront, et combien de temps ils s'engageront à les faire rester dans chaque ville de l'arrondissement postulé par eux.

Art. 13.

Chaque autorisation ne sera accordée que pour trois années au plus. Les conditions auxquelles ces concessions seront faites, seront communiquées aux Préfets, qui en surveilleront l'exécution.

L'inexécution de ces conditions sera dénoncée au Ministre par les Préfets, et punie par la révocation des autorisations, et, s'il y a lieu, par des indemnités qui seront versées dans la caisse des pauvres.

Art. 14.

Des doubles de chacune des autorisations accordées aux Entrepreneurs de spectacles par le Ministre de l'intérieur, seront envoyés au Ministre de la police générale, pour qu'il donne de son côté, à ces Entrepreneurs, une approbation particulière, s'il n'y trouve aucun inconvénient. Il lui sera donné connaissance de toutes les mutations qui pourront survenir parmi les Entrepreneurs de spectacles.

Art. 15.

Dans les villes où un Théâtre peut subsister pendant toute l'année, l'autorisation d'y établir une troupe sera accordée par les Préfets, conformément à l'article 7 du décret du 8 juin. Ce seront également les Préfets qui accorderont ces autorisations dans les villes où il y a deux Théâtres.

Art. 16.

Les autorisations pour les troupes ambulantes seront délivrées aux Entrepreneurs de spectacles dans le courant de l'année 1807. La nouvelle organisation des spectacles en cette partie devra être en pleine activité au renouvellement de *l'année théâtrale* [en avril 1808]. En attendant, les Préfets sont autorisés à suivre, à l'égard des troupes ambulantes, les dispositions qui ont été en vigueur jusqu'à ce jour, s'ils n'y ont déjà dérogé.

TITRE IV.

Dispositions générales.

Art. 17.

Les spectacles n'étant point au nombre des jeux publics auxquels assistent les fonctionnaires en leur qualité, mais des amusemens préparés et dirigés par des particuliers qui ont spéculé sur le bénéfice qu'ils doivent en retirer, personne n'a le droit de jouir gratuitement d'un amusement que l'Entrepreneur vend à tout le monde. Les autorités n'exigeront donc d'entrées gratuites des Entrepreneurs, que pour le nombre d'individus jugé indispensable pour le maintien de l'ordre et de la sûreté publique.

Art. 18.

Il est fait défense aux Entrepreneurs, Directeurs ou Régisseurs de spectacles et concerts, d'engager aucun élève des écoles de chant ou de déclamation du Conservatoire impérial, sans l'autorisation spéciale du Ministre de l'intérieur.

Art. 19.

L'autorité chargée de la police des spectacles, prononcera

provisoirement sur toutes contestations, soit entre les Directeurs et les Acteurs, soit entre les Directeurs et les Auteurs ou leurs agens, qui tendraient à interrompre le cours ordinaire des représentations; et la décision provisoire pourra être exécutée, nonobstant le recours vers l'autorité à laquelle il appartiendra de juger le fond de la contestation.

Fait à Paris, le 25 avril 1807.

Le Ministre de l'intérieur,

CHAMPAGNY.

TABLEAU

DES DIVERS THÉÂTRES DE LA FRANCE.

NOMS DES VILLES.	DÉPARTEMENS.	NOMBRE DES TROUPES.
Villes qui peuvent avoir plusieurs Théâtres.		
Paris.	Seine.	Trois grands Théâtres et deux annexes, cinq Théâtres secondaires et neuf annexes ou doubles.
Lyon.	Rhône.	Deux Troupes.
Bordeaux.	Gironde.	*Idem.*
Marseille.	Bouches-du-Rhône.	*Idem.*
Nantes.	Loire-Inférieure.	*Idem.*
Turin.	Pô.	*Idem.*
Villes qui peuvent avoir une Troupe stationnaire.		
Rouen.	Seine-Inférieure.	
Bruxelles.	Dyle.	
Brest.	Finistère.	
Toulouse.	Haute-Garonne.	
Montpellier.	Hérault.	
Nice.	Alpes-Maritimes.	
Gênes.	Gênes.	
Alexandrie.	Marengo.	
Gand.	Escaut.	
Anvers.	Deux-Nèthes.	
Lille.	Nord.	
Dunkerque.		
Metz.	Moselle.	
Strasbourg.	Bas-Rhin.	

NOMS DES VILLES.	DÉPARTEMENS.	NOMBRE DES TROUPES.

Fixation des Arrondissemens pour les Troupes ambulantes.

1.ᵉʳ ARRONDISSEMENT.

Nancy.		
Lunéville.		
Toul.	Meurthe.	
Pont-à-Mousson.		
Falsbourg.		
Bar-sur-Ornain.	Meuse.	Une Troupe.
Verdun.		
Sarre-Libre.		
Thionville.	Moselle.	
Longwy.		

2.ᵉ ARRONDISSEMENT.

Dijon.		
Beaune.	Côte-d'Or.	
Nuits.		
Auxonne.		
Châlons.		
Mâcon.	Saone-et-Loire.	
Autun.		Une Troupe.
Bourg.	Ain.	
Poligny.		
Dôle.	Jura.	
Lons-le-Saulnier.		
Genève.	Léman.	

3.ᵉ ARRONDISSEMENT.

Grenoble.	Isère.	
Vienne.		
Valence.		
Montelimart.	Drôme.	Une Troupe.
Romans.		
Chambéry.	Mont-Blanc.	

(13)

NOMS DES VILLES.	DÉPARTEMENS.	NOMBRE DES TROUPES.

4.ᵉ ARRONDISSEMENT.

Nîmes.	} Gard.	} Une Troupe.
Beaucaire.		
Le Pont-Saint-Esprit.		
Uzès.		
Avignon.	} Vaucluse.	
Carpentras.		
Orange.		

5.ᵉ ARRONDISSEMENT.

Toulon.	} Var.	} Deux Troupes.
Grasse.		
Fréjus.		
Draguignan.		
Antibes.		
Brignolles.		
Saint-Tropès.		
Aix.	} Bouches-du-Rhône.	
Arles.		
La Ciotat.		
Tarascon.		
Gap.	} Hautes et Basses-Alpes.	
Briançon.		
Digne.	Basses-Alpes.	

6.ᵉ ARRONDISSEMENT.

Béziers.	} Hérault.	} Une Troupe forte.
Pezenas.		
Agde.		
Lodève.		
Frontignan.		
Lunel.		
Ganges.		

NOMS DES VILLES.	DÉPARTEMENS.	NOMBRE DES TROUPES.
Suite du *6.e Arrondissement*.		
Carcassonne		
Narbonne.............	Aude.............	
Castelnaudary.........		
Perpignan............	Pyrénées-Orientales..	
7.e Arrondissement.		
Montauban...........		
Albi................	Tarn.............	
Castres..............		
Sorèze..............		
Agen................	Lot-et-Garonne.....	
Marmande...........		
Cahors..............		Une Troupe forte.
Figeac..............	Lot..............	
Mossac..............		
Auch................	Gers.............	
Mont-de-Marsan.....	Landes............	
Dax.................		
8.e Arrondissement.		
Baïonne.............		
Pau................	Basses-Pyrénées.....	
Lescar..............		
Navarreins...........		
Tarbes..............		
Bagnères............	Hautes-Pyrénées....	Deux Troupes.
Barége..............		
Foix................		
Mirepoix............	Ariége............	
Saint-Girons.........		
9.e Arrondissement.		
Limoges.............	Haute-Vienne......	
Tulle...............		
Uzerches............	Corrèze...........	
Brive-la-Gaillarde......		

NOMS DES VILLES.	DÉPARTEMENS.	NOMBRE DES TROUPES.

Suite du 9.ᵉ ARRONDISSEMENT.

Poitiers............ Lusignan...........	Vienne..........	Deux Troupes.
Périgueux.......... Bergerac...........	Dordogne........	
Angoulême......... Cognac............	Charente.........	

10.ᵉ ARRONDISSEMENT.

La Rochelle........ Saintes............ Rochefort.......... Saint-Jean-d'Angely.... Royan.............	Charente-Inférieure..	
Niort............. Saint-Maximin......	Deux-Sèvres.......	Deux Troupes.
Fontenay.......... La Châtaigneraye..... Mortagne..........	Vendée..........	

11.ᵉ ARRONDISSEMENT.

Clermont.......... Riom.............	Puy-de-Dôme.....	
Saint-Flour........ Aurillac...........	Cantal..........	
Le Puy...........	Haute-Loire......	
Mende............	Lozère..........	Deux Troupes.
Rodez............ Milhaud........... Villefranche........	Aveyron.........	
Privas............ Tournon.......... Aubenas..........	Ardèche.........	

(16)

NOMS DES VILLES.	DÉPARTEMENS.	NOMBRE DES TROUPES.

12.ᵉ ARRONDISSEMENT.

Moulins.............	Allier............	⎫
Nevers.............	Nièvre...........	⎪
Montbrison..........		⎪
Saint-Étienne........	Loire............	⎬ Deux Troupes.
Rouane.............		⎪
Bourges............	Cher.............	⎪
Gueret.............	Creuse...........	⎪
Châteauroux.........	Indre............	⎭

13.ᵉ ARRONDISSEMENT.

Orléans............	⎫	
Beaugency..........	⎬ Loiret...........	⎫
Montargis...........	⎪	⎪
Courtenay..........	⎭	⎪
Tours..............	⎱ Indre-et-Loire......	⎬ Deux Troupes.
Amboise............	⎰	⎪
Blois..............	Loir-et-Cher.......	⎪
Angers.............	⎱ Maine-et-Loire.....	⎭
Saumur............	⎰	

14.ᵉ ARRONDISSEMENT.

Reims..............	⎫	
Châlons............	⎬ Marne...........	⎫
Vitry..............	⎪	⎪
Epernay............	⎭	⎪
Melun..............	⎫	⎪
Fontainebleau........	⎬ Seine-et-Marne.....	⎬ Une Troupe.
Nemours............	⎪	⎪
Provins............	⎭	⎪
Chaumont...........	⎫	⎪
Langres............	⎬ Haute-Marne......	⎭
Joinville............	⎭	

NOMS DES VILLES.	DÉPARTEMENS.	NOMBRE DES TROUPES.

15.ᵉ ARRONDISSEMENT.

Auxerre............	} Yonne...........	} Une Troupe.
Sens..............		
Joigny.............		
Avalons...........		
Vermenton.........		
Tonnerre..........		
Troyes............	} Aube...........	
Bar-sur-Aube......		
Bar-sur-Seine......		

16.ᵉ ARRONDISSEMENT.

Besançon..........	} Doubs..........	} Deux Troupes.
Pontarlier.........		
Mont-Beillard......		
Vesoul............	} Haute-Saone.....	
Gray..............		
Colmar............	} Haut-Rhin.......	
Béfort............		
Huningue..........		
Neuf-Brisach......		
Porentrui..........		

17.ᵉ ARRONDISSEMENT.

Rennes............	} Ille-et-Vilaine.....	} Deux Troupes.
Vitré.............		
Dol...............		
Saint-Malo........		
Cancale...........		
Laval.............	} Mayenne........	
Mayenne..........		
Le Mans..........	} Sarthe..........	
La Flèche.........		
La Ferté-Bernard...		

NOMS DES VILLES.	DÉPARTEMENS.	NOMBRE DES TROUPES.

18.ᵉ ARRONDISSEMENT.

Quimper............. Morlaix..............	} Finistère.........	
Saint-Brieuc......... Lamballe............ Dinan...............	} Côtes-du-Nord.....	} Une Troupe.
Vannes.............. Lorient..............	} Morbihan.........	

19.ᵉ ARRONDISSEMENT.

Caen................ Bayeux.............. Lizieux.............. Falaise.............. Honfleur............	} Calvados..........	
Coutances........... Cherbourg........... Avranches...........	} Manche...........	} Une Troupe.
Alençon............. L'Aigle..............	} Orne.............	

20.ᵉ ARRONDISSEMENT.

Amiens.............. Abbeville............ Péronne.............	} Somme...........	
Le Havre............ Dieppe.............. Caudebec............	} Seine-Inférieure....	} Deux Troupes.
Évreux.............. Louviers.............	} Eure.............	
Chartres............. Dreux...............	} Eure-et-Loir......	

NOMS DES VILLES.	DÉPARTEMENS.	NOMBRE DES TROUPES.

Suite du 20.ᵉ *ARRONDISSEMENT*.

Pontoise............		
Étampes............		
Mantes.............	Seine-et-Oise......	
Versailles...........		
Saint-Germain.......		

21.ᵉ *ARRONDISSEMENT*.

Calais..............		
Arras...............		
Saint-Omer.........	Pas-de-Calais......	
Boulogne...........		
Douay..............		
Gravelines..........		
Valenciennes........	Nord.............	
Cambray............		
Beauvais............		Deux fortes Troupes.
Noyon..............		
Compiègne..........	Oise.............	
Senlis..............		
Chantilly...........		
Laon...............		
Soissons............	Aisne............	
Saint-Quentin.......		

22.ᵉ *ARRONDISSEMENT*.

Liége..............	Ourte............	
Spa................		
Aix-la-Chapelle.....		
Clèves.............	Roer.............	
Cologne............		Deux Troupes.
Maestricht..........	Meuse-Inférieure...	
Saint-Trond.........		
Mons...............	Jemmape..........	
Tournay............		

NOMS DES VILLES.	DÉPARTEMENS.	NOMBRE DES TROUPES.

23.ᵉ ARRONDISSEMENT.

Bruges............ Ostende........... Courtray.......... Ypres.............	} Lys.............	
Louvain........... Tirlemont.........	} Dyle............	} Une Troupe.
Malines........... Namur............	Deux-Nèthes......	
Bouvines.......... Fleurus...........	} Sambre-et-Meuse....	

24.ᵉ ARRONDISSEMENT.

Mayence.......... Worms............ Neustadt.......... Deux-Ponts.......	} Mont-Tonnerre.....	
Coblentz..........	Rhin-et-Moselle.....	
Sarbourg.......... Sarbruck..........	} Sarre............	} Une Troupe.
Luxembourg.......	Forêts...........	
Mézières.......... Sédan............ Givet.............	} Ardennes.........	

25.ᵉ ARRONDISSEMENT.

Saverne........... Schelestatt........ Haguenau......... Fort-Libre........ Wissembourg......	} Bas-Rhin.........	} Une Troupe.
Épinal............	Vosges...........	

A PARIS, DE L'IMPRIMERIE IMPÉRIALE. Mai 1807.

www.ingramcontent.com/pod-product-compliance
Lightning Source LLC
Chambersburg PA
CBHW071431060426
42450CB00009BA/2125